27
I⋅ n 12726.

DISCOURS

PAR

Mᴱ LINGUET,

A L'ASSEMBLÉE GÉNÉRALE

DE L'ORDRE DES AVOCATS

Au Parlement de Paris.

A PARIS,

De L'Imprimerie de PHILIPPE-DENYS PIERRES,
rue Saint-Jacques.

M. DCC. LXXV.

DISCOURS

PAR M^e. LINGUET,

A l'Assemblée générale de l'Ordre des Avocats au Parlement de Paris.

MESSIEURS,

J'OSE me flatter que l'Ordre assemblé ne sera pas capable, comme ses *Députés*, de m'interdire jusqu'au droit de lui présenter quelques Réflexions préliminaires très-essentielles. Je les ai donc préparées par écrit : j'en ai un exemplaire que je vous laisserai, après vous en avoir rendu compte.

Je commence par protester de mon respect, de ma soumission pour cette Assemblée, en tant que je ne déroge pas à mes droits de *Citoyen* : car nous le sommes tous, Messieurs, Citoyens, avant que d'être *Avocats* : le recours aux Loix, quand on les viole pour nous nuire, est imprescriptible.

Vous allez me juger : ce ne fera fans doute que fur des faits graves, bien prouvés, clairement énoncés, & difcutés contradictoirement avec moi. Un de nos anciens Souverains difoit que : *Si la Juftice & l'Honneur étoient exilés du refte de la terre, on devroit les retrouver dans le cœur des Rois :* j'ajouterai, & dans *l'Ordre des Avocats.* Or rien ne feroit plus contraire à ces vertus, que de prononcer fur lé fort d'un Citoyen, d'après des faits indignes d'attention, incertains, obfcurément pofés, ou qu'il ne lui auroit pas été poffible de combattre.

J'avois fupplié qu'on voulût bien, à l'Affemblée des Députés, écrire les demandes & les réponfes: on me l'a refufé durement : on a rejetté ce moyen prefcrit par les Loix, qui feroit exigé par l'honnêteté feule ; & quand j'ai imprimé ma juftification, vos Députés, qu'elle accabloit, ont eu la lâcheté de répandre dans le Public qu'ils avoient bien d'autres Griefs que ceux que je détruifois.

Je dis *lâcheté*, Meffieurs, & je ne me trompe pas fur le terme : c'en eft une en général qu'un menfonge ; mais quand l'impofture fe trouve entée en quelque forte fur une autre, & qu'un homme n'outrage la vérité que pour couvrir les premiers affronts qu'il lui a déjà faits, je vous demande quelle épithete mérite fon procédé ? Or voilà ce qu'ont fait, ce que font ceux de vos Députés qui ofent dire, ou qu'il y a d'autres Griefs que ceux que l'on m'a communiqués, ou que je n'ai pas répondu dans mon Imprimé à tous ceux dont on m'a donné connoiffance. Et c'eft auffi ce que j'avois prévu dans mon *Supplément aux réflexions.*

Si quelque chofe peut faire fentir combien eft

révoltante, dangéreuse, horrible même , cette pratique de ne rien écrire, quand il s'agit de l'état & de l'honneur d'un Citoyen, c'est ce que j'éprouve (1). Je ne veux pas être exposé deux fois à ce péril : il faut que ce moment-ci soit l'époque imperturbable de mon repos, ou de ma honte ; que mon nom soit glorieusement consacré , comme étant sorti pur de toutes les épreuves auxquelles l'ont soumis la calomnie, l'envie, tant de passions criminelles qui me poursuivent ; ou ignominieusement dégradé, comme étant souillé des excès qui peuvent justifier l'horreur publique, & la proscription légale d'un Membre de la Société.

Voilà pourquoi , au défaut de regiſtres écrits que vous n'avez pas, j'ai supplié M^{de}. la Comtesse de Béthune, & ces Citoyens honnêtes , de vouloir bien être présens aux interpellations qui me seront faites , & à mes réponses. Par-là les unes & les autres seront constatées ; il ne sera plus permis à mes Accusateurs d'équivoquer : je n'en pourrai plus être soupçonné ; après cet éclaircissement authentique, eux ou moi serons réduit au silence.

On me dira que ce n'est pas la regle ; que dans

---

(1) Qu'il me soit permis de citer à mes Confreres un exemple qu'ils ne trouveront pas sans doute humiliant , c'est celui des Magiſtrats , leurs Supérieurs & les miens. Ils se trouvent aujourd'hui dans le même cas. Leurs Collegues accusés ont toute liberté de se défendre devant les *Chambres*. Les griefs articulés contre eux ont été remis à Messieurs *les Gens du Roi*, qui les leur ont communiqués, & ont reçu leurs réponses aussi *par écrit* ; c'est après cet appareil, qui écarte toute idée de surprise & de réticence , qu'ils seront jugés. La police à laquelle la Cour des Pairs s'astreint , paroîtroit-elle honteuse ou injuste *à l'Ordre des Avocats* ?

les Procès criminels l'inſtruction eſt ſecrette : oui ; mais la regle alors eſt d'écrire ; la regle eſt de dé-livrer en bonne forme à l'Accuſé une expédition ſolemnelle des chefs qu'on lui objecte, & des moyens qu'il y oppoſe. Ce monument reſte dans ſes mains ; c'eſt une reſſource qui, après avoir ſervi à ſa juſti-fication, aide encore à ſe vengeance : après lui avoir révélé les accuſations, on lui nomme les Accuſa-teurs ; & quand il a détruit les unes, il a le droit & la faculté de pourſuivre à ſon tour les autres. Ici rien de tout cela n'exiſte, il faut y ſuppléer. Il ſe-roit trop affreux que vous perſiſtaſſiez à protéger une méthode qui ne peut être favorable qu'à la calomnie, & qui emporte évidemment la proſcrip-tion de l'innocence. Qu'on ne me diſe pas qu'elle eſt conforme aux uſages de l'*Ordre* ; rien de ce qui viole la juſtice & la décence, ne peut y être conforme. Il eſt honorable pour l'Ordre qu'on n'en ait pas juſqu'ici ſenti l'abus ; mais au moment où il ſe découvre, il faut le corriger.

M^de. la Comteſſe de Béthune m'honore de ſa confiance ; elle remet dans mes mains ſon ſort & celui de ſa Famille : perſonne n'eſt plus intéreſſé qu'elle à ſçavoir ſi je ſuis digne de cette confiance ; perſonne n'eſt donc plus en droit de vouloir connoî-tre & conſtater de quoi on m'accuſe, & comment je me juſtifie.

S'il étoit poſſible que des Hommes vertueux fuſ-ſent une derniere fois encore les inſtrumens de la vengeance, de la calomnie, de toutes les machi-nations ſecrettes qui ſollicitent ma perte ; s'il étoit poſſible que vous fermaſſiez encore les yeux à l'é-vidence, à la vérité, qui parlent en ma faveur, &

qu'un *oftracifme* qui couvriroit mes rivaux de honte au milieu de leur triomphe, tendît à m'écarter définitivement du Barreau par vos fuffrages, j'ai à ménager l'eftime de mes Amis & celle du Public : il m'eft important de les convaincre que je fuis facrifié à de honteufes paffions, à de méprifables rivalités ; que des détracteurs clandeftins s'arment contre moi dans la nuit des traits de la fraude & de la trahifon, & que ce qu'on ofe en laiffer paroître au jour n'eft capable que de faire rougir ceux mêmes qui les emploient.

On peut, Meffieurs, travailler à m'ôter injuftement l'exercice de la profeffion d'Avocat ; mais je ne veux pas perdre la réputation qui en rend digne : je puis fuccomber comme *Socrate* ; mais je ne veux pas que mes *Anitus* foient impunis. Vous prétendez me juger ; j'y confens : mais je placerai entre vous & moi ce Juge fuprême auquel les Tribunaux les plus abfolus font fubordonnés, l'*Opinion publique* : elle fera juftice, quand vous me l'aurez refufée ; & fi vos voix fe réuniffoient, contre toute vraifemblance, pour ma profcription, je pourrai du moins dire en fortant d'ici : *Tout eft perdu hors l'honneur.*

Je tirerai même de la préfence de ces témoins refpectables un autre avantage, c'eft que fi l'on avoit encore ici la hardieffe d'articuler des faits, en refufant de m'indiquer les fources où ils ont été puifés, j'aurai du moins la preuve de l'articulation : je forcerai, par une plainte juridique, ceux d'entre vous qui fe font laiffés empoifonner l'efprit par des rapports fecrets, à révéler les complices de cette licence meurtriere ; je parviendrai enfin à en découvrir les auteurs, & je mettrai un terme à la diffamation, en obtenant des Tribunaux le châtiment des diffamateurs.

Mais il n'y en a point, me dira-t-on, & je suppose qu'on me le dira, parce qu'on me l'a déja dit le 26 Janvier : on ne peut citer personne; c'est le cri public qui vous a déféré à nous ; & nous avons eu grand soin de vérifier les griefs qu'il vous imputoit : nous avons pris la peine d'aller chercher les témoignages qui se refusoient ; nous les avons forcés de se produire ; ainsi vous ne pouvez avoir de recours contre qui que ce soit.

Je n'en puis avoir contre qui que ce soit ? Quelle erreur ! Eh ! vos Députés ne sont-ils pas garants de ces démarches mêmes qu'ils ont faites ? démarches que la prévention la plus aveugle, la rage la plus furieuse pouvoient à peine motiver.

Quoi ! de votre aveu il n'existe point de délateurs, & il y a une délation ? Il n'y a point d'accusateurs, & il y a un accusé ? On ne trouve pas de preuve, & il y a un crime, & non-seulement un crime, mais une condamnation, mais un supplice, mais une mort civile ; & cette mort frappe, je ne dis pas le prétendu coupable, mais tous ceux qui ont avec lui des liaisons d'affaires.

Une famille illustre, une veuve animée d'un courage héroïque, des orphelins dont la foiblesse, le délaissement seuls inspireroient quelque douceur aux plus farouches des hommes, vont dans trois jours, ou perdre pour une seconde fois le bénéfice d'une Audience achetée par les délais les plus ruineux, ou se trouver insuffisamment défendus par le trouble dans lequel on n'a cessé de tenir

leur

leur Défenseur depuis qu'il a le malheur d'être dé-
figné pour le foutien de leur Caufe : & tant de
maux feront impunément le fruit de la prévarication de vos Repréfentans ?

Meffieurs, ce n'eft pas feulement juftice que je
vous demande pour moi, c'eft vengeance contre
eux. Conftitués Juges par vous, ils font defcendus
de leur Tribunal, je ne dis pas pour accueillir la
délation, mais pour la provoquer. Ils ont battu
les palais & les greniers, pour y éventer quelques
prétextes dont ils puffent me faire des crimes ; ils
ont follicité des *Ducs & Pairs*, des *femmes per-
dues*, des *ufuriers* ; c'eft-à-dire, d'un côté, ce qu'il
y a de plus grand, & de l'autre, ce qu'il y a de
plus infame dans la Nation, de fe réunir pour
concourir à ma perte : des hommes déguifés, que
la vivacité de leurs queftions, & la violence de leur
douleur, quand elles étoient inutiles, ont fait
prendre pour des *Avocats*, ont multiplié ces honteufes démarches. Quand ce ne feroient pas vos
Députés qui auroient ainfi compromis leurs per-
fonnes, il eft évident au moins que ce font leurs
émiffaires. Ne fentez-vous pas que l'opprobre en
rejaillit fur l'Ordre, par qui l'on eft en droit de
fuppofer que ces effroyables machinations font ap-
prouvées ?

En vérité, fi ce récit fe lifoit dans quelques-unes
de ces relations de voyages, avec lefquelles des
hommes actifs amufent l'oifiveté fédentaire, on fe
refuferoit à y ajouter foi : on fe récrieroit contre
la crédulité aveugle de l'Hiftorien : on l'accufe-
roit de calomnier la nature humaine : on s'obfti-
neroit à foutenir qu'il n'y a pas de pays où l'oubli

des principes naturels, le respect pour les Loix
la dégradation en tout sens , aient pu être poussés
aussi loin. Le cœur me saigne en pensant dans
quel Pays, dans quel Siecle , dans quelle Ville
dans quel Corps tant d'attentats ont été commis
& ils resteroient impunis !

Quand il seroit possible d'en démentir quelques
uns ; quand on pourroit balancer à croire à ces
déguisemens honteux , à ces inquisitions secrettes
qui ont paru atroces aux plus vils des hommes ,
& dont je ne dois la connoissance qu'à l'horreur
qu'ils en ont conçue ; il y en a un plus révoltant ,
plus criminel encore peut-être pour *des Avocats* ,
plus effrayant pour la société , sur lequel il n'est
pas possible d'élever le moindre doute. C'est la
démarche auprès de M. le D. d'A...

Qu'alloient faire chez lui M^e. *Legouvé* & M^e. le
Masson ? * chercher des preuves contre moi ! Quand
j'aurois été coupable , M. le D. d'A... n'en pouvoit pas fournir. Il m'accuseroit, qu'il faudroit re-
jetter son témoignage.

Si les *Ducs & Pairs* lui faisoient un Procès ,
ils frémiroient de penser à m'appeller pour témoin
vos Représentans n'auroient-ils pas dû avoir la

(*) J'avois dans mon *Supplément aux Réflexions* , dit Me.
Huttaux : on m'avoit trompé ; ce n'est pas lui.

De même , parmi les trois voix honnêtes qui m'ont été favora-
bles, je n'ai pas compris Me. *Rigault* , qui a bien voulu me défendre avec l'honnêteté dont son cœur est rempli. Je lui en fais
réparation , & ne me plains pas de celui que j'ai mal-à-propos
nommé à sa place. J'ai reçu tant de marques de bonté de ce dernier, que je ne puis regarder sa complaisance pour mes ennemis
que comme une foiblesse passagere, que son cœur a désavouée ,
au moment où on la lui arrachoit.

même délicateffe ? Les engagemens de M. le D. d'A... envers moi, font au moins auffi facrés que les miens envers lui : c'eft moi qui l'ai fervi ; & non-feulement les efpions détachés par vos Députés, l'ont invité à fe joindre à eux contre moi, à leur fournir des moyens pour me perdre ; mais fur un refus formel, ils ont infifté : M. le Duc d'A... fe taifoit : ils ont demandé permiffion de lui ouvrir la bouche, & d'aller fouiller dans fon cœur : ils lui ont dit en le quittant, que *fon filence fuffifoit ;* & c'eft cette preuve d'un genre auffi affreux que nouveau, qu'ils ont rapportée en triomphe à leur affemblée.

Meffieurs, ou toute idée d'honneur eft détruite parmi vous, ou cette infame prévarication fera punie.

En vain M^{es}. *Le Maffon* & *Legouvé* tâcheroient-ils de s'excufer fur l'ordre qu'ils ont reçu de leurs Collegues ; en vain diroient-ils que la honte dont cette baffeffe les couvre, eft commune à toute l'affemblée des Députés : cette excufe pourroit pallier le tort de ceux qui ont été chez l'Imprimeur, chez M. le P. de B..., dans les galetas des ufuriers, chez tous les hommes qui n'ont pas eu avec moi des liaifons refpectables, fur-tout pour des Avocats : mais elle ne peut excufer leur féduction envers M. le D. d'A... c'étoit à eux à faire ufage de leurs lumieres, pour faire révoquer l'odieufe commiffion dont on les chargeoit, ou du moins à fe prévaloir de leur liberté pour s'en difpenfer.

J'ignore fi les autres Députés ont donné cet ordre, mais je fçais que ceux-là l'ont exécuté : je fçais que par-là ils ont donné un exemple atroce, deſtructif de toute eſpece de confiance, entre les deux claſſes de la Société où la confiance eſt le plus néceſſaire; ils autoriſent à croire que parmi les Avocats un Client peut perdre ceux qui l'auront défendu, & qu'ainſi par conſéquent le cœur des Défenſeurs peut être également acceſſible à la curioſité de ſes ennemis; ils ont briſé ſans retour, autant qu'il étoit en eux, ces liens ſacrés, ſi juſtement reſpectés chez les *Romains*; ces liens préférés preſque à ceux de la nature; ces rapports indiſſolubles que l'intimité réciproque, la reconnoiſſance d'une part, & la généroſité de l'autre, établiſſent entre les *Patrons* & les *Clients*.

Si en effet l'Aſſemblée entiere des Députés a concouru à cet attentat, vous en aurez plus de coupables à punir : c'eſt une époque effrayante de dégradation parmi vous : une époque qu'il faut expier, Meſſieurs, par une reſtauration éclatante. La gloire de votre état & la nobleſſe de vos fonctions ſi indignement trahies, attendent de vous un grand exemple.

Sans doute après avoir au moins connivé à cette prévarication ſi aviliſſante en tous ſens, après m'avoir jugé une premiere fois, & ſur des crimes qu'ils m'ont faits, vos Députés ne s'attendent pas à reſter ici ſur les bancs, à voir compter une ſeconde fois une opinion déjà connue. Je les récuſe. Je ne répondrai à rien, Meſſieurs, qu'ils ne ſoient tous ſortis.

1°. Parce qu'ayant déjà prononcé en premiere inſtance, ils ne peuvent pas être Juges ſur l'appel.

2°. Parce que les dates de toutes leurs démarches annoncent au moins une prévention contre moi , & une complaisance pour mes ennemis , également suspectes ; parce que leur lenteur & leur précipitation, par les combinaisons qu'elles supposent, décelent des gens bien moins occupés de me rendre justice, que de l'envie d'empêcher que je ne contribue à la faire rendre à la Comtesse de Béthune.

Ce motif concerne sur-tout M. le Bâtonnier, *Chef du Conseil de M. le Maréchal de Broglie*, & de qui j'ai plusieurs Consultations contre la Famille qui vient jusqu'en cette Salle réclamer mon ministere.

3°. Parce que les Députés eux-mêmes , d'après les prévarications démontrées que je leur reproche, ne peuvent plus être ici que Parties ; parce que leur empressement à aller au-devant des crimes que l'on ne leur offroit pas, est vraiment criminel ; parce que ce soin de leur part , d'accoucher les esprits, de faciliter la délivrance de mes calomniateurs, de substituer les questions aux réponses , & d'annoncer que le silence d'un Homme de Qualité , que leur audace scandalisoit , devenoit à leurs yeux une preuve irréfragable, est le dernier période de prévarication de la part de quiconque prétend exercer les fonctions de Juge.

Avec eux, sans doute, se retireront, s'ils sont ici, Me. *Caillau* & Me. *Dieres*, que j'ai récusé devant leurs Collegues à l'Assemblée des Députés, & qui ne doivent pas, ce me semble, se remontrer ici quand il s'agit de moi. Avec eux encore se retireront les Juges du *Bailliage* , dont la vengeance est sur-tout fondée sur ce que j'ai empêché la perte d'un innocent condamné par eux ; & Me.

Boudet, qui a ufurpé dans le temps de la difperfion de l'Ordre, les fonctions de *Bâtonnier*, pour tenir chez lui une Affemblée contre moi, il y a un an; & ceux qui en ont fait partie, & ceux qui ont été au *Parquet* fervir le reffentiment du Miniftere Public de ce temps-là, & crier avec tant d'indécence que l'*Ordre* demandoit ma profcription.

Tous les autres font coupables au moins d'une foibleffe repréhenfible : vos Députés le font d'une prévarication criminelle. Mais que dire de ces derniers ? Comment qualifier l'attentat qu'ils ont commis, en s'appropriant, pour confommer leur complot, un nom facré à quiconque porte celui d'*Avocat* ; en fuppofant le réveil de l'*Ordre*, qui faifoit alors confifter fa gloire dans une léthargie refpectable ; en trahiffant fes privileges, pour fatisfaire un lâche reffentiment ; en proftituant fes titres ; en le mettant à genoux devant des Juges qu'il fuyoit, pour en arracher, en fon nom, des jugemens qu'il ne reconnoiffoit pas, comme le porte la lettre de M. le Bâtonnier, en date du 29 Décembre 1774 ; des jugemens iniques, comme le prouve l'Arrêt du 11 Janvier dernier ; des jugemens affreux, puifqu'ils avoient pour objet la mort civile d'un Citoyen irréprochable, d'un Confrere, d'un Homme public.

Ce délit eft conftaté par écrit, par la Requête préfentée contre moi le 11 Février 1774. Elle porte que c'eft *le vœu de l'Ordre*, que l'on offre aux Juges, que c'eft l'*Ordre* qui me *condamne*, qui me *profcrit* : il l'eft par le Mémoire apologétique de Me. Gerbier, donné en Janvier 1775, dont vos Députés ont refufé de recevoir la dénonciation, quand

je la leur ai faite ; & où la délation honteuse, tu-
multuaire, indécente , criminelle en tout sens, du
11 Février 1774 , est regardée comme l'ouvrage
de l'*Ordre*.

Par-là , non-seulement ils ont anéanti l'Ordre ,
autant qu'il étoit en eux ; mais ils avoient donné
un exemple fatal , qui pouvoit , si les temps n'a-
voient pas changé , soumettre notre Profession au
plus effrayant despotisme. Ils avoient remis dans
des mains vindicatives , un couteau avec lequel
on auroit égorgé à l'avenir quiconque auroit dé-
plu par des talens trop fiers , & des vertus trop in-
flexibles.

Les Auteurs de la Requête du 11 Février , certains d'avoir trente Avocats ignominieusement dévoués à leurs vengeances , & capables de leur prê-
ter le nom de l'Ordre , comme le sceau destiné
à les consacrer , n'y auroient plus connu de bor-
nes. Ces dignes Favoris de leur côté , fiers d'un si
honteux appui , n'en auroient plus mis à leurs pré-
tentions : il se feroit fait entr'eux un échange horrible de complaisances , de bassesses & de sacrifices.
C'est ainsi qu'aux temps des proscriptions de *Rome*,
la tête du Tuteur d'*Octave* , devenoit le prix de
celle du Frere d'*Antoine* , & que l'esclavage de la
Patrie se trouvoit cimenté par le sang de ces deux
victimes confondues aux pieds de leurs assassins.

Bientôt l'anathême se feroit étendu jusqu'à vous ;
bientôt on auroit concentré les prérogatives &
l'exercice de la Profession dans cet essain d'insectes
avilis, qui bourdonnoient alors au Parquet : les vé-
ritables Abeilles en auroient été bannies comme
la Magistrature ; le nom de l'*Ordre* se feroit trouvé

reſtreint à ce petit nombre d'Adulateurs qui le déshonoroient.

Et c'eſt quand vous avez dans votre ſein de ſemblables délits à punir, qu'on vous occupe à délibérer gravement pour ſçavoir ſi je fais ou non *un Journal*; ſi j'aime ou non *le Droit Romain* : & les Impoſteurs qui devroient ſeuls eſſuyer l'affront d'une juſtification publique; ces Traîtres à leur Ordre, à leurs Confreres, à leur honneur, qui devroient ſeuls être dévoués à l'anathême, oſeroient ſe préſenter pour le lancer contre moi ? Non, Meſſieurs, vous ne le ſouffrirez pas.

Je les ſomme tous de ſe montrer, s'il y en a quelques-uns que la foule ici me cache, ou dont les viſages me ſoient inconnus. Pour obvier à cet égard à toute eſpece de ſurpriſe, j'attends, de votre juſtice, qu'on fera avant tout un appel de ceux de vous qui ſont ici, afin que je ſçache au moins par qui je ſuis jugé, & que je puiſſe appliquer aux noms les motifs de récuſation, qu'il m'eſt impoſſible de rapporter aux perſonnes. Il faut de plus que je ſçache par quelle portion de l'Ordre je ſuis jugé.

Vous me direz que c'eſt vous donner beaucoup d'embarras : mais Meſſieurs, ce n'eſt pas une choſe légère, que de procéder au jugement d'un Citoyen, d'un Homme public, d'un Confrere. Si je ſuis coupable, il faut qu'il ne me reſte pas de moyens pour éviter la conviction : ſi je ne le ſuis pas, il faut auſſi qu'il n'y ait pas de reſſource pour obſcurcir mon innocence.

Eh quoi ! tout eſt permis à mes cruels Détracteurs pour écarter, je ne dis pas mes Amis de ce jugement, mais même les honnêtes Gens qui, sans intérêt, sans me connoître, sans autre desir que de voir manifester la vérité, ont osé dire qu'il falloit examiner avant que de prononcer. On les injurie: on les persécute : on les force à se récuser eux-mêmes, à s'absenter. J'ai la preuve écrite de ces manœuvres; & on me refuseroit le droit d'écarter des ennemis déclarés, de ne pas vouloir que la faculté de me perdre soit confiée à des bouches qui ont juré ma perte, à des mains qui ne daignent pas même cacher le poignard qu'elles préparent pour m'égorger!

Dans toutes les autres classes de la Société, la législation, moins bienfaisante encore que juste, a pris des précautions multipliées, pour qu'un Citoyen ne pût pas perdre son état sans l'examen le plus scrupuleux. Les Loix lui sont caution de sa vie & de son honneur ; il faut pour les lui enlever un délit prouvé : ce n'est pas même assez que le délit soit constant, & les preuves certaines : il faut encore que l'un soit démontré, & les autres recueillies avec ordre ; la moindre omission fait une nullité qui compromet le Juge ; & quelquefois sauve l'Accusé.

Et ce seroit par vous, qui tous les jours les rappellez, ces Loix, qu'elles seroient enfreintes ? Ce seroit dans l'état qui donne un caractere spécial pour en réclamer l'observation, qu'on perdroit le pouvoir de les invoquer ? Quel cas feriez-vous donc vous-mêmes de cet état, ou de ces Loix, si vous paroissiez vous jouer si légerement des unes, & conférer ou enlever l'autre avec tant d'inconséquence ?

C

Ou l'état d'Avocat eft quelque chofe , ou il n'eft rien. S'il n'eft rien, vous ne pouvez l'ôter à perfonne : s'il eft quelque chofe, & quelque chofe de refpectable , & quelque chofe d'utile au Public, & quelque chofe dont dérivent de grandes obligarions, & quelque chofe qu'on ne peut perdre fans infamie, il n'eft pas permis de l'enlever fans l'appareil ou du moins l'équivalent de toutes les formalités prefcrites par les Loix, pour la fauve-garde de l'honneur & de l'exiftence des Citoyens.

Oh ! dit-on , fon exceffive délicateffe le rend d'autant plus facile à bleffer : un Avocat *eft la Femme de Céfar.* Il ne faut pas même *qu'il foit foupçonné.*

Cette réponfe m'a été faite, & par de très-graves Perfonnages d'entre vous : elle pouvoit tirer d'affaire un Mari politique, qui pour fe venger d'un affront, ayant répudié fa Femme, avoit cependant un vif intérêt à ne pas convenir qu'il la crût coupable. Mais ce mot devient une barbarie atroce & fcandaleufe, quand on le fait fervir d'autorité pour légitimer un Jugement inique.

Un Avocat ne doit pas même être foupçonné ! Qu'eft-ce à dire ? Il ne faut donc pas non plus qu'il ait d'ennemis ; il ne faut pas qu'il ait de rivaux ; il faut qu'il n'ait rien de commun avec ce trifte apanage des talens ; il ne faut pas qu'il parle , qu'il écrive ; il ne faut pas qu'il faffe une feule de ces démarches qui diftinguent la vie de la mort, l'être du néant, & qui, quoique dictées par un cœur pur, peuvent toujours être interprétées en mal par la haine.

Quoi ! s'il a des Détracteurs impudens, il ne fuf-

fira pas que fa conduite foit irréprochable ; on op-
pofera leurs difcours à fes actions ? Le foupçon qui
l'inculpe l'emportera fur l'évidence qui l'abfout ? Et
quand il préfentera une juftification folemnelle , on
l'interrompra pour lui dire : écoutez ces voix ano-
nymes qui vous accufent. Eh ! Meffieurs , s'il étoit
vrai que telles fuffent vos conftitutions , vos maxi-
mes , il vaudroit mieux languir dans les plus horri-
bles cachots , avec l'efpérance de triompher un
jour de la calomnie , que d'être Avocat employé ,
avec la certitude d'y fuccomber dès qu'on en feroit
atteint.

Quoi ! aux dégoûts , aux fatigues , aux dangers
de cet état , vous voudriez joindre encore la perf-
pective d'une mort ignominieufe , dès qu'on aura
éveillé la haine par des fuccès, & la vengeance par
des efforts courageux ! C'eft vous qui direz aux ef-
prits malfaifans dont la fociété abonde , aux cœurs
jaloux dont toutes les profeffions font remplies :
attaquez hardiment ceux d'entre nous qui paroîtront
fe diftinguer ; l'innocence les garantira vainement
de vos traits : nous les ramafferons à leurs pieds ;
s'ils n'ont pas percé , nous dirons au moins qu'ils
ont été lancés ; & tranfpofant ainfi les dénomi-
nations ; affectant de voir le coupable dans la victime ; donnant à l'attaque un poids irréfiftible , &
nous jouant de la défenfe, nous vous livrerons votre
proie , fans qu'il y ait de pouvoir humain capable
de vous l'arracher ! Et l'équivalent de cet horrible
langage deviendroit le code de fix cens Hommes
vertueux !

Cela ne fe peut pas : cela n'eft pas même. Non,
des foupçons ne fuffifent pas pour vous décider

contre des Confreres. Je fuis loin d'accufer M^e. Gerbier, fur tout après l'efpece d'abfolution que femble lui affurer la grace qu'il a reçue d'un grand Prince : mais enfin il étoit bien plus que foupçonné : il étoit accufé : il l'eft encore, nommément par le C. de G... dans un nouveau Mémoire foufcrit de fept d'entre vous, dont les noms ont tous du poids & de la célébrité. Lui avez-vous fait un crime de ces inculpations ? L'Ordre s'en eft-il occupé ? S'eft-il vu à la place humiliante que j'occupe ? & dans le temps où la Juftice travaille à apprécier fa conduite & fes écrits, a-t-il couru le moindre rifque, même provifoire pour fon état ?

Vous n'avez pas deux poids & deux mefures : je le crois, du moins. Pourquoi donc fuis-je ainfi feul facrifié à des propos qui devroient faire rougir leurs auteurs, & les expoferont certainement à la févérité de la Juftice, quand ils feront connus ? Pourquoi autorifez-vous contre moi une diffamation qui en devient le prétexte après en avoir été la fource ? Daignez-donc réfléchir, Meffieurs, en Hommes honnêtes, en Hommes éclairés, à tout ce qui fe paffe ici à mon fujet depuis deux ans, & plus. La *diffamation* eft un des délits contre lefquels les Tribunaux s'arment avec plus de rigueur. Les Loix ont prononcé la peine de mort, contre les cœurs pervers qui s'en rendent coupables, & ce châtiment n'a rien de trop févere.

La diffamation eft au moral, ce qu'eft l'empoifonnement au phyfique : c'eft la reffource des lâches. C'eft un genre d'attaque contre lequel il eft impoffible de fe défendre ; & comme il eft mille fois plus aifé de répandre, d'accréditer un propos qui tue l'honneur d'un Citoyen, que de faire passer dans son corps une composition mortelle, les peines destinées à ces deux especes de meurtriers devroient être proportionnées à la facilité qu'ils trouvent à commettre leurs attentats, à la difficulté de s'en garantir.

Ce principe est d'autant plus vrai, qu'il y a des remedes contre le poison, & qu'il n'y en a pas contre la calomnie; que si l'on a une fois échappé au premier, on n'en redoute plus rien: au lieu que le venin verbal de l'autre prend des forces en raison de la résistance qu'on y apporte. Le breuvage funeste ne peut être versé que par une seule main, par une main que le remords peut arrêter, par une main que la crainte du supplice au moins peut ébranler, par une main déjà corrompue, & parvenue à ce degré d'endurcissement bien rare, qui familiarise avec le crime; au lieu que la diffamation paroît être un des jeux de la société, une de ses ressources contre l'ennui. C'est gaiement, à table, dans les cercles, que l'on égorge un Citoyen, qu'on le dévoue à l'horreur, à la malédiction publique. Ce sont de beaux esprits, de jolies Femmes, des Hommes réputés plaisans, qui le dissequent & l'anathématisent.

Comme il n'est pas là pour se défendre, parce que s'il y étoit, on se tairoit, & que dans ces conversations légeres, tout ce qui n'est pas contredit passe pour incontestable; bientôt l'imposture la plus révoltante acquiert la force de la vérité: on n'examine pas si la chose est vraie; on se souvient seulement qu'on l'a entendue, & on la répete à des auditeurs pourvus d'une sécurité aussi crédule: bien-

tôt un cri univerſel s'éleve, qui prononce la condamnation de l'infortuné, que perſonne ne connoît;
on ſe trouve enfin au point où la vertu elle-même
ſe croit obligée d'y ſouſcrire. Les hommes qui la
jouent le proſcrivent, pour faire croire qu'ils ne
lui reſſemblent pas; & ceux qui la pratiquent, pour
purger la Société d'un Membre qu'ils croient
propre à la déshonorer. Voilà exactement mon
hiſtoire.

Depuis deux ans, depuis dix ans même, depuis
que mon malheur m'a jetté dans une carriere où
j'ai mes rivaux pour Juges, je ſuis l'objet d'une diffamation qui n'a pas d'exemple, par ſa continuité,
par ſon acharnement, & ſur-tout par ſon injuſtice.
La licence en ce genre eſt pouſſée à un point vraiment effrayant. La poſtérité ne croira pas qu'un
Particulier retiré, ſans prétention dans aucun genre,
qui n'a jamais rien diſputé à perſonne dans la carriere de l'ambition, de la gloire, de la fortune,
qui s'eſt borné à rendre des ſervices utiles, à ſou-
tenir loyalement devant les Tribunaux les droits de
l'innocence, ait pu exciter un déchaînement auſſi
implacable.

Elle croira encore moins qu'une aſſociation fondée ſur l'honneur, dont les Membres ſe définiſſent
eux mêmes, *des Hommes de bien exercés à parler*,
s'opiniâtrent à exiger la mort d'un Confrère, à
qui ils ne peuvent faire aucune eſpece de reproche
fondé, & qui ne deſire que la conſervation d'une
faculté qu'il a reçue des Loix.

Pour motiver leur inconcevable obſtination, ils
ſe permettent des horreurs dont les ennemis les
moins délicats frémiroient dans toute autre Société.

Des productions étrangeres à ma Profeſſion, ma conduite privée, mes mœurs, ma perſonne, ſont ſoumiſes à leurs recherches & à leur ſatyre. Mes liaiſons particulieres, mes démêlés intérieurs, mes lettres qu'on n'a pas vues, leur fourniſſent des griefs. Le ſecret de mon cœur, eſt non pas révélé, mais interprété.

Enfin on va fouiller juſques dans mon enfance: on y ſuppoſe des faits abſurdes (*), qui ſeroient ſans conſéquence, quand ils ſeroient vrais, qui en dé-voueroient les inventeurs à toute la ſévérité des Loix, ſi leur coupable hardieſſe étoit conſtatée. On les débite, on les adopte dans l'obſcurité : au lieu de porter les yeux ſur la partie de ma vie, qui eſt connue, & conſtamment irrépréhenſible, on les fixe avec complaiſance ſur l'eſpece d'*incognito* qui enveloppe ma jeuneſſe, comme celle de tous les hommes, que de grands noms, de grandes places, où des talens prématurés n'indiquent pas de bonne heure au Public : l'art des Charlatans qui me pour-ſuivent, y fait apparoître des fantômes auxquels une crédulité intéreſſée ſuppoſe une exiſtence certaine.

Et quoique à l'inſtant même où l'on y porte la

(*) Le ſeul de ces faits, que l'Aſſemblée du 26 Janvier ait oſé adopter, eſt le prétendu abus de confiance envers *M. le Duc des Deux-Ponts*, qui auroit au moins 17 ans de date. Mes amis, té-moins des marques de bonté, d'intérêt dont ce Prince auguſte m'a honoré à *Paris*, à *Verſailles*, m'ont reproché de n'en avoir pas parlé dans mon *Supplément aux Réflexions* ; la raiſon de ce ſilence eſt ſimple : c'eſt que ce Prince étant abſent, on auroit pû regarder ce que j'aurois dit de ſes bontés pour moi, comme une ſorte de bravade fondée ſur ſon éloignement. Je ſuis auſſi ſcru-puleux ſur les preuves qui peuvent me ſervir, que mes ennemis le ſont peu ſur celles qui peuvent me nuire.

main, ils s'évanouiffent ; quoiqu'il foit impoffible d'en conftater, je ne dis pas la réalité, mais même le foupçon ; quoiqu'il ne foit pas aifé de préfumer qu'un homme né avec le goût du travail, & perpétuellement occupé, ait eu celui des vices que donne l'oifiveté (*) ; quoique des baffeffes déshonorantes duffent paroître incompatibles avec cette ame fiere, inflexible, qu'on me reproche ; quoique de tous les êtres humains qui ont eu des liaifons, de quelque genre qu'elles puiffent être, avec moi, il n'y en ait pas un, pas un feul qui fe préfente pour m'accufer, & qu'on en trouve mille qui dépofent en faveur de mes mœurs, de ma conduite, de l'efpece de fimplicité dont je ne rougis pas, & qui me rend auffi incapable de nuire que de tromper ; cependant mes détracteurs n'en font ni moins audacieux, ni moins accueillis ; & enfin une Affemblée, honorée du nom de vos Repréfentans, compofée d'Hommes foi-difant Juges, foi-difant fages, impartiaux, fans examen, fans griefs, au mépris de toutes les Loix, a ofé prononcer contre moi une véritable mort civile : elle n'a pas même rougi d'arrêter qu'on effayeroit de furprendre aux Magiftrats

---

(*) C'eft un médiocre avantage que celui de la fécondité, fans doute ; mais du moins des productions multipliées défignent un homme qui emploie fon temps : j'avois peu réfléchi au nombre de celles que les circonftances m'ont arrachées. Je n'en avois jamais fi bien vu la quantité, que le 25 Janvier, en entrant dans la Salle où mes équitables Juges étoient appliqués à les difféquer, pour en tirer des crimes ; une longue & large table en étoit couverte : je ne m'étois jamas trouvé fi volumineux. Je ne pus m'empêcher de rire, en voyant l'air effaré de tous les Examinateurs autour de cette proie, fur laquelle ils portoient le fcapel, & de leur dire que je fouhaitois *que cette lecture leur profitât.*

une

une défense à moi de rien imprimer fur cette affaire, c'eft-à-dire, de me défendre.

Et quand je me plains, quand je montre à mes Confreres, à mes Juges, mes bleffures & leurs Auteurs, le poignard qui m'a percé ; & la main fanglante qui l'a laiffé dans la plaie ; on murmure, on s'irrite encore, on me fait un crime même de mes fanglots. Il y a moins d'injuftice, moins de cruauté dans ces lieux de carnage où la vie des animaux eft facrifiée à l'entretien de la nôtre. Les Bouchers qui les égorgent leur pardonnent au moins de repouffer le couteau : ils ne s'offenfent pas des gémiffemens lugubres avec lefquels tout leur fang s'écoule.

Mes détracteurs ne craignent-ils donc pas que devenu furieux enfin, à force d'iniquités, & jufte en imitant leur injuftice, je me permette à mon tour, fur leur compte, une inquifition qui cefferoit d'être criminelle, puifqu'elle n'auroit que des repré-failles pour objet ? Ne tremblent - ils pas que je ne leur dife tout d'un coup : ma vie eft pure, voyons ce qu'eft la vôtre ? Y en a-t-il un feul d'entre eux qui confentît à braver la difcuffion, les recherches que la mienne a fubies ?

Eh ! quelles découvertes ont produites tant d'ef-forts, tant de mouvemens, tant de baffeffes ? Quel fruit ont-ils retiré de cet art infernal, qui métamor-phofant le filence en preuves, & les queftions en réponfes, leur faifoit dire en fortant de chez M. le Duc d'A... : *bon, il n'a rien dit, nous voilà bien certains du fait* ? Que leur ont rendu ces follicita-tions honteufes, multipliées dans l'obfcurité ; cette cour faite aux plus méprifables des êtres, dans l'efpérance d'en arracher quelques indices contre moi? Qu'ont-ils tiré de cet abominable artifice, qui les a portés à reculer jufqu'aux limites de mon enfance, parce qu'on les avoit flatté du bonheur d'y trouver de quoi flétrir le refte de cette vie ; à y adapter fans preuves, contre toute vraifemblance, & plus encore contre toute vérité, un fait qui n'eft pas même fpécifié, à y compromettre le nom d'un Souverain abfent ! Quelle étrange complication d'horreurs & de puérilités ? Quel effroyable mêlange d'inconféquence & d'acharnement !

Ofera-t-on les reproduire ici, ces griefs extravagans, que j'ai détruits d'avance? On m'accufe de les avoir couverts de ridicule, parce qu'on ne veut pas s'appercevoir que ce ridicule ils le renfermoient en eux-mêmes, & que pour le faire fentir, il ne falloit que les montrer!

Vos Députés oferont-ils ici nier en votre préfence, comme plufieurs d'entre eux ont eu la lâcheté audacieufe de le faire dans le monde, que mon averfion pour *le Droit Romain*, n'ait pas été un des principaux qu'on n'ait pas cité en preuve la Confultation pour le *M. de Soiecourt*, couchée avec le refte de mes Ouvrages fur ce Théatre de mort, où l'on cherchoit dans leurs entrailles de quoi m'arracher la vie?

Je dis toujours *lâcheté*, parce que c'eft ce que je veux dire ; parce que cette dénégation eft une impofture ; parce qu'il eft affreux autant que bas, à des Hommes qui ont refufé de conftater des griefs, de fe prévaloir de l'impuiffance où ils ont mis l'Accufé d'en dreffer un Procès verbal, pour lui imputer une fupercherie, & faire retourner contre lui la fraude dont il eſt la victime. Eh bien! qu'ils reproduiſent donc ceux que j'ai ſupprimés, ou auxquels je n'ai pas répondu.

Je le répete: mon cœur eſt pur, ma conduite eſt intacte. Tant que je n'aurai affaire qu'à des Juges integres, tant qu'on ne voudra prononcer entre mes ennemis & moi, que d'après les Loix de l'équité & de l'honneur, ce ne ſera pas à moi à trembler.

Et qu'il me ſoit permis ici, Meſſieurs, après avoir convaincu vos eſprits, du moins je m'en flatte, d'interroger un inſtant vos cœurs; une chaleur, dont vous-mêmes, peut-être, ignorez la cauſe; un emportement produit par des inſinuations imperceptibles, par la longue & infatigable aſſiduité de la calomnie; une funeſte habitude à me regarder comme ſuſpect, comme coupable, parce que bien des gens intéreſſés à le perſuader le diſent, vous a amené au point où vous êtes peut-être ſurpris de vous trouver. Daignez y réfléchir, & vous rendre compte à vous-mêmes des motifs qui vous y ont conduits.

Qui de vous a la moindre preuve, le moindre indice perſonnel, ou ſeulement probable, de tous les griefs qu'on allegue contre moi, quand à ma vie publique? A qui ai-je manqué dans la vie privée? Du petit nombre de ceux qui m'ont honoré de leur amitié depuis dix ans, quel eſt celui qui s'en eſt repenti? De tous les autres, quel eſt celui qui croiroit avoir à rougir, s'il me l'avoit accordée?

Je vous ai peu vus. J'ai annocé au Palais une hûmeur ſauvage: en général, je n'ai point *confraterniſé*: je l'avoue; mais outre que les orages qui m'ont accueilli au premier pas que j'ai fait dans cette carriere, n'étoient pas propres à m'inſpirer un deſir bien vif d'y former des liaifons , mes occupations & mon genre de vie m'en éloignoient encore davantage. Réfléchiffez un inftant aux contradictions qui l'ont empoifonnée, & au nombre d'ouvrages qui m'en ont diftrait, & vous cefferez d'être ou étonnés, ou indifpofés de la retraite dans laquelle je me renferme , même à votre égard.

Cette retraite d'ailleurs eft - elle un crime dans notre Profeffion? A qui nous devons-nous le plus, de nos Confreres ou de nos Clients , de ceux auprès de qui nous ne chercherions que des plaifirs, ou de ceux qui viennent auprès de nous chercher leur falut?

Je vous ai peu vus ! mais mon cœur ne vous a pas quittés un inftant ; mais j'ai beaucoup médité, & beaucoup pratiqué les devoirs qui nous font communs ; mais j'ai prévenu dans toutes les actions publiques, par des démarches, des avances honnêtes, tous ceux de vous envers lefquels on m'a reproché d'avoir pouffé trop loin la chaleur permife dans les combats judiciaires : qu'il en paroiffe un feul qui fe plaigne , & je vais lui prouver qu'il a été l'agreffeur : il y a même à cette occafion des anecdotes qui devroient faire mourir de honte ceux qui en ont fourni le fujet. Eft-ce donc de m'être défendu, qu'on veut me faire un crime? Suis-je le feul être dans l'univers à qui la fenfibilité foit interdite ?

Plus vous aurez la bonté d'y penfer, Meffieurs, plus vous verrez combien l'éclat, le fcandale qu'on a fait à mon occafion, eft fâcheux & dangereux.

Il eft fâcheux, parce qu'il a compromis le nom de l'Ordre ; parce qu'il autorife l'œil malin du Public à en approfondir le fecret ; parce qu'il y fait appercevoir, comme dans les autres Sociétés, des paffions, des foibleſſes , des rivalités , qu'il faudroit au moins mieux diſſimuler dans la nôtre , & que par-là le reſpect qui lui eſt dû riſque de s'affoiblir.

Il eſt dangereux, parce qu'il vous place dans une poſition délicate entre une injuſtice & une rétracta-tion. Il faut ou perdre un Confrere évidemment innocent, ou avouer que vos Députés ſe ſont aſſo-ciés à la plus lâche, à la plus odieuſe manœuvre dont l'Hiſtoire offre le ſouvenir.

Si cette ſeconde partie de l'alternative vous ré-pugne, la premiere doit vous faire frémir. Entre deux extrèmités , dont l'une n'eſt que déſagréable & juſte, tandis que l'autre ſeroit affreuſe & crimi-nelle, pourriez-vous balancer? Le ſecond moyen de venger l'Ordre des iniquités dont on le fait juſ-qu'ici paroître complice , c'eſt d'en punir les au-teurs : le premier c'eſt d'en ſauver la victime.

L'année derniere, dans le Mémoire donné en Février, où je réclamois contre ces vils uſurpateurs de votre nom , contre ces lâches qui s'approprioient vos priviléges pour les vendre, & vos droits pour les ſouiller , j'ai oſé imprimer que l'Ordre en corps ne pouvoit pas être injuſte. En parlant des petites intrigues , ou des convulſions furieuſes qui peu-vent agiter paſſagerement quelques-unes de ſes parties, j'ai affirmé qu'il avoit toujours joui, preſque comme la Divinité , d'une infaillibilité majeſtueuſe.

" Une expérience cent fois réitérée, ai-je dit, a
" démontré une vérité honorable à l'Ordre des
" Avocats; c'eſt que ſi la jalouſie, l'intérêt, agitent
" quelquefois un certain nombre de ſes Membres,
" le Corps s'en eſt toujours montré exempt; c'eſt
" qu'il n'a jamais manqué de s'y trouver des Hom-

» mes honnêtes qui voient la vérité , qui la goû-
» tent, & qui la font goûter aux autres. Pareil aux
» tourbillons de Defcartes, où le repos général naît
» du mouvement des parties, où chaque chofe refte
» en fa place , parce que tout tend fans ceffe à s'en
» écarter , ce Corps fingulier, dès qu'il eft affem-
» blé, revient invinciblement à l'honneur, à la jufti-
» ce, dont fes agitations inteftines fembloient de-
» voir l'éloigner. »

Vous êtes affemblés, Meffieurs ; vous voilà en
Corps : vous allez ou démentir, ou juftifier cet
Eloge.

Au fond, je n'ai ici qu'un intérêt modique. La
fureur de mes ennemis m'a fervi : en me forçant
de difcuter leurs inculpations, ils m'ont fourni le
moyen de faire briller mon innocence. Ma gloire
eft en fûreté. L'opinion générale m'a jugé. Les
Magiftrats m'ont affuré la partie de mon état qui
ne dépend que de l'ordre public. On ne peut m'ô-
ter ni la confidération perfonnelle attachée à la
confiance des Clients , s'ils m'en croient dignes ,
ni mon droit de les fervir dans mon cabinet, &
d'éclairer les Juges par la voie de l'impreffion.

De quoi donc me priveroit ici une complaifan-
ce inique pour la cabale qui me pourfuit ? De la
prérogative fatigante de paroître trois ou quatre
fois par an au Barreau ? Et encore ne m'en prive-
roit-on qu'après bien des combats. Le ciel , Meffieurs, m'a donné une ame toute de feu pour l'honneur, pour les fentimens qui peuvent ennoblir notre exiftence ; mais cette flamme active fe change
en un mur d'acier contre les revers ; mon cœur
s'irrite par les obftacles, & s'anime par les dangers:

il feroit poffible que je fuccombaffe ; mais ce ne feroit du moins qu'en rendant le dernier foupir.

Et quel avantage en reviendroit-il à mes Rivaux? Celui d'entendre dire qu'ils fe font défait d'un Homme qu'ils craignoient ? Quel fruit en retireriez-vous vous-même? Celui d'apprendre au Gouvernement, aux Magiftrats, au Public , que vous auriez le trifte pouvoir des Tyrans , celui de violer les Loix ; qu'en les défendant, vous ne vous y foumettez pas , & que cette Divinité terrible, fous laquelle les Trônes mêmes s'abaiffent, la Juftice feroit impunément méconnue , outragée dans le Sanctuaire où fe raffemblent fes Pontifes.

Après cela, Meffieurs , méconnoiffez , fi vous l'ofez , vos propres obligations , le vœu public & celui de la Magiftrature.

Il eft en ma faveur ; vous n'en fçauriez douter. J'en ai reçu des preuves non équivoques dans ce jour glorieux , où tous les Ordres de l'Etat attirés à mon Jugement, comme à une efpece de cérémonie nationale , dont ce concours augmentoit la folemnité , ont entendu la Cour des Pairs prononcer mon abfolution. Plufieurs de vous en ont été témoins. Le Magiftrat que fa place fembloit me donner pour Contradicteur , n'eût pas plutôt déclaré qu'il abjuroit cet odieux miniftere , & formé avec l'éloquence qui le rend fi digne de fon nom, un vœu en ma faveur , qu'on parut préférer le plaifir de l'applaudir , à celui de l'entendre : le Public fembla fe charger de ma reconnoiffance ; la force, l'univerfalité de l'acclamation qui interrompit le témoignage de fes bontés pour moi , m'arracherent des larmes : elles me payerent de toutes les amertumes paffées.

Devois-je prévoir qu'un si beau triomphe touchoit à de plus cruelles disgraces ? & que porté en quelque sorte sur les bras de la Magistrature & du Public vers ce Sénat furieux, qu'un concours si flatteur devoit désarmer, ce ne seroit que pour recevoir à la face de mes Protecteurs un nouvel affront ?

Quel suffrage respecterez-vous le plus, du leur ou de celui de mes ennemis ? A qui donnerez-vous la préférence, de l'Arrêt du 11 Janvier, ou d'une cabale qui veut vous faire partager son opprobre ? Je me croirois coupable de supposer que vous puissiez hésiter. Vous n'abuserez point de votre nombre pour perdre un Particulier isolé, mais innocent ; de votre liberté pour enchaîner les Tribunaux, de votre indépendance pour réduire la Justice en esclavage. Vous rassurerez le Public justement effrayé de cette anarchie despotique, dont on a jusqu'ici fait usage pour me perdre : vous constaterez par votre conduite, cette vérité qui est la sauve-garde de toutes les institutions humaines, que *dans un Empire policé il n'y a pas de Classe qui soit au-dessus des Loix.*

Mᵉ. LINGUET, Avocat.